NOTICE

Sur la Vie et les Ouvrages

DE MILHOMME,

STATUAIRE.

GRAND PRIX DE 1801.

Né à Valenciennes (Nord).

PUBLIÉE AU PROFIT DE SES PETITES-NIÈCES.

PRIX, **2** FR. **50** C.

PARIS.

CHEZ MESDEMOISELLES MILHOMME,

8, rue Saint-Joseph.

—

1844.

NOTICE

Sur la Vie et les Ouvrages

DE

MILHOMME.

NOTICE

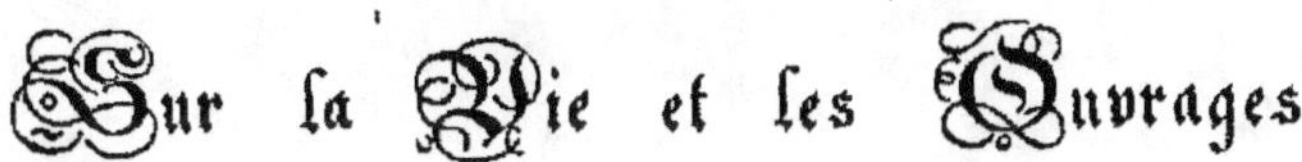

Sur la Vie et les Ouvrages

DE MILHOMME,

STATUAIRE.

GRAND PRIX DE 1801.

Né à Valenciennes (Nord).

—

PUBLIÉE AU PROFIT DE SES PETITES-NIÈCES.

PRIX, 2 FR. 50 C.

PARIS.

CHEZ MESDEMOISELLES MILHOMME,

8, rue Saint-Joseph.

1844.

MILHOMME,

STATUAIRE,

Grand-prix de 1801 ;

NÉ À VALENCIENNES . (NORD.)

Celui dont nous essayons d'esquisser la vie et d'énumérer les titres à la gloire, fut considéré par ses contemporains comme un talent de premier ordre, un des plus éminents statuaires qu'ait eus la France, dans ces derniers temps. La postérité ne saurait démentir, au contraire elle doit confirmer cette opinion, sur un homme dont l'unique tort fut peut-être d'aimer trop l'art pour l'art lui-même, et de dédaigner de mettre, en les vulgarisant, les œuvres de son ciseau en communication plus intime avec le public.

Si, en rappelant les obstacles qu'il eut à surmonter pour se faire un nom dans les arts, et comment la fortune épuisa ses rigueurs envers lui, nous parvenons à fixer sur sa mémoire les sympathies du lecteur, nous n'en tirerons pas vanité, car ce ne sera que justice. Si, malgré notre attente, nous ne réussissons pas dans notre désir le plus vif, il faudra n'en accuser que l'insuffisance de notre plume; et, tout en regrettant d'avoir compromis la cause du talent malheureux, nous n'en resterons pas moins avec nos convictions qui sont fondées sur trop de recherches, de bons et consciencieux avis, de scrupuleux examens, pour donner lieu de craindre d'avoir été égaré.

MILHOMME (François-Dominique-Aimé) naquit à Valenciennes, département du Nord, le 20 août 1758.

Sa plus tendre enfance révéla sa vocation pour la plastique, et il avait à peine l'âge de raison, que son goût pour l'étude des Beaux Arts se prononça d'une manière irrésistible.

En peu d'années, Milhomme devint assez fort sur le dessin pour être reçu dans l'atelier de Gilet, sculpteur de Valenciennes. Son maître, étonné de la rapidité de ses progrès, l'engagea à aller à Paris, pour y continuer ses études. L'élève suivit ce conseil et entra dans l'atelier de Lebrun, membre de l'Académie Royale. Ce nouveau maître eut bientôt remarqué son assiduité et ses rares dispositions; il les seconda, et Milhomme ne tarda pas à compter au nombre des meilleurs élèves de l'École, où il obtint plusieurs succès sur ses compagnons d'études.

Depuis longtemps, les esprits étaient préparés à une révolution dans les institutions du pays. Elle éclata par la prise de la Bastille, en 1789.

Comme toutes les âmes ardentes, Milhomme embrassa les principes de la grande régénération politique, sans prévision de l'avenir, sans s'inquiéter de l'influence souvent périlleuse qu'exercent les temps révolutionnaires sur les destinées d'un artiste. En effet, son père, intendant de M. de Sénac, gouverneur de la province du Hainaut, fut tellement atteint dans sa fortune par les événements, que ses enfants ne durent plus compter que sur eux-mêmes pour subvenir à leurs besoins. C'était là, il faut en convenir, une préoccupation qui ne se conciliait guère avec l'étude des Beaux-Arts, surtout pour un élève qui poursuivait ses succès et qui ambitionnait l'honneur d'inscrire son nom parmi ceux des maîtres.

Entraîné par l'exaltation des esprits, Milhomme se partageait entre les sociétés populaires, ses études à l'Académie, et les travaux auxquels il participait comme praticien.

Mais, lorsque les provinces du Nord de la France eurent été envahies par l'armée de Brunswick, on ferma les Académies pour s'occuper exclusivement de repousser l'ennemi.

La génération d'alors vit s'écouler ses jeunes

années dans les luttes. Aussi, quand le calme commença à renaître, Milhomme touchait à l'âge mûr, et il ne lui fut possible de concourir pour le prix de Rome, qu'à 38 ou 39 ans.

Lorsqu'il entra en lice, son talent avait acquis, depuis plusieurs années, beaucoup de consistance, et nous savons qu'il composait et modelait les belles pièces d'orfévrerie qui s'exécutaient dans les ateliers d'Auguste.

En 1797 (an V), Milhomme concourut pour le grand prix. Le sujet que les concurrents avaient à traiter, était :

ULYSSE et NÉOPTOLÈME enlevant à Philoctète l'arc et les flèches d'Hercule.

Il s'est si bien acquitté de sa composition, qu'elle lui a mérité le second grand prix de sculpture, et l'honneur d'être couronné publiquement au Champ-de-Mars.

Sa famille conserve une lettre de félicitations que lui écrivit, dans le style de ce temps-là, le ministre de l'intérieur, au nom du Gouvernement.

Nous n'avons pu encore apprendre ce qu'est devenu l'ouvrage de Milhomme.

En 1798, il concourut de nouveau. D'après le programme, les élèves devaient représenter :

MARCELLUS faisant enlever de Syracuse les monuments d'Arts.

Le bas-relief de Milhomme n'a pas été compris dans le jugement académique, par le motif que l'auteur s'était écarté de son esquisse. Cependant, sa composition était très-belle, et il paraît que les professeurs ont été bien aises de trouver un pré-texte de le mettre hors de concours, pour masquer un véritable déni de justice.

Puisque le nom d'*Auguste* s'est déjà rencontré sous notre plume, nous devons dire ici qu'en utilisant son talent pour cet artiste, Milhomme s'attira la malveillance des membres de l'Aca-démie, qui l'accusèrent de faire déroger l'art au profit de celui qu'ils appelaient *un industriel*. Ce reproche n'avait pas de fondement, et il était adressé sans bonne foi ; les maîtres ne manquaient pas de l'exagérer à mesure que les productions de Milhomme obtenaient un plus grand succès, et que lui-même suivait avec plus d'ardeur les cours de l'École, témoignant par là sa résolution de ne pas s'abandonner au découragement.

Non ! la dignité de l'art n'eut pas à souffrir de ses travaux pour le célèbre orfèvre qui, pendant 40 ans, marcha à côté de Benvenuto Cellini. D'ailleurs, les maîtres savaient très-bien que Milhomme avait le cœur trop haut placé pour jamais associer son talent à d'autres travaux qu'à des morceaux d'art, remarquables par une composition savante, souvent gracieuse et toujours de bon goût ; par la pureté du dessin et l'élévation du style ; tels enfin , que ces admirables pièces d'orfévrerie sont encore recherchées aujourd'hui dans toute l'Europe, et assurent la réputation d'Auguste, que nul autre n'a égalée depuis.

Il n'y eut réellement de blessé, en cette circonstance, que l'amour-propre de ces maîtres qui ne pouvaient voir, sans dépit, grandir le talent de Milhomme en dehors de leur protection. Et, s'il est vrai que Milhomme ait refusé de fréquenter leurs ateliers particuliers, c'est que sans doute, il avait la conscience de ses propres forces, et que la nécessité lui faisait une loi de chercher quelques ressources dans son art.

Nous ne déciderons pas si les maîtres ont eu tort ou raison de s'irriter des succès croissants d'un élève qui s'était affranchi de leur patronage, et qui se permettait d'avoir du talent sans leur diplôme, mais il nous semble que leur façon d'agir était souverainement injuste.

Les faits parleront d'eux-mêmes quand viendra le concours de l'an IX ; ajoutons auparavant quelques mots sur le concours de 1798 :

On remarquait dans l'ouvrage de Milhomme, la statue de *la Victoire,* au moment où Marcellus va la faire embarquer sur les vaisseaux romains.

Mais, dans son esquisse, il avait indiqué la statue d'*Hercule*, et cette substitution constituait à elle seule, les changements qui l'ont fait écarter du concours.

L'auteur nous a montré son bas-relief encastré sous la porte d'une maison ayant appartenu à Auguste, située place du Carrousel, dans laquelle a été établi assez longtemps le bureau de Poste de la Cour.

Nous pensons que ce remarquable morceau de sculpture aura été conservé lors de la démolition de la maison, en 1832 ; jusqu'à ce moment, il nous a été impossible de le retrouver, malgré des recherches multipliées.

Affligé de ce que ses amis, et lui-même, regardaient comme une injustice, Milhomme ne prit aucune part aux concours jusqu'en l'an IX (1801), ce qui lui laissa plus de deux ans et demi, pendant lesquels il décora de bustes et de bas-reliefs, un hôtel somptueux de la Chaussée-d'Antin, à Paris (1), et créa les magnifiques pièces qu'Auguste se proposait d'offrir à la curiosité et au jugement du public éclairé, lors de l'exposition annoncée pour la fin de l'an IX.

Cette année là (1801), Milhomme concourut pour la dernière fois.

Voici le sujet proposé :

---

(1) Cet Hôtel est situé rue de Provence, et porte aujourd'hui le N. 36.

CAÏUS GRACCHUS quittant sa femme Licinia, pour se rendre au Forum, et lutter contre le consul Opimius.

La composition de Milhomme, exécutée en loge, lui a valu de partager le grand prix de sculpture, et d'être envoyé à Rome en qualité de pensionnaire du Gouvernement français.

Mais, ce qui se passa au sujet de ce concours mérite d'être rapporté, car rien n'est plus capable de mettre au grand jour la conduite que, de parti pris, les maîtres composant le jury, tenaient à l'égard de Milhomme. Si on consulte les registres de l'École des Beaux-Arts, on voit qu'il fut admis deux fois comme premier, une fois comme second, pour les concours que nous venons de rappeler. Cette manière distinguée d'entrer en combat d'émulation avec onze élèves, les plus forts de l'École, parlait bien haut en sa faveur... cependant au jour du jugement il succombait !

N'ayant plus de maître particulier depuis bien des années, il se présenta, cette fois, comme élève de feu Allegrain.

Une pièce fort curieuse, et qui dévoile les préférences outrées dont les élèves particuliers des maîtres étaient l'objet, c'est la minute, préparée à l'avance, du jugement de ce dernier concours, qui accordait le prix à *Marin*. Il se trouva cependant qu'une voix généreuse protesta, et fit valoir les mérites de la composition de Milhomme.

Pour éviter un éclat, on partagea le prix, èt dans l'impossibilité de supprimer la minute du jugement à la suite de laquelle étaient déjà inscrites plusieurs délibérations, le partage fut constaté par des additions dans les marges du registre, dont l'inspection indique assez la mauvaise humeur de la plus grande partie des professeurs qui les ont paraphées.

Un fait non moins remarquable, et qui prouve suivant nous, l'arrière-pensée des professeurs, de ne jamais donner raison à Milhomme, c'est la délibération prise immédiatement, sur la proposition du célèbre Chaudet, l'un des juges du concours, et sous l'impression d'un sentiment de déplaisir, de ne plus admettre à l'avenir, à aucun concours de l'École, des élèves qui auraient plus de 30 ans. Voilà comment, sans le vouloir, on laissa percer les intrigues auxquelles Milhomme avait été en butte. N'eût-il pas été plus convenable d'opposer ouvertement à Milhomme, son âge avancé lors de ses premières luttes, que de nourrir l'intention de lui être hostile sourdement et de lui ménager des déceptions? Mais non ! Marin, lui-même, avait près de 40 ans, et la décision des professeurs l'eût également atteint, si leur malveillance pour son compétiteur ne les eût uniquement dirigés.

Quoi qu'il en soit, le talent de Milhomme se faisait remarquer depuis longues années ; mais la belle carrière qu'il avait à parcourir se trouva interrompue par des obstacles multipliés à dessein devant lui ; et si l'on se décida enfin à lui rendre justice, ce fut sans doute parce que ses envieux craignirent d'arrêter tous les regards sur leurs menées.

Revenons à la composition de Milhomme.

La nature, et plus encore les soins que leur mère *Cornélie* avait pris de leur enfance, firent les *Gracques* éloquents et valeureux. Les lois que ces illustres romains proposèrent pendant leurs magistratures, avaient pour but de soulager la misère du peuple, et de relever sa puissance, en diminuant celle du Sénat. Mais les Patriciens s'opposèrent toujours à leurs vues, et mirent tout en œuvre pour détruire l'affection que le peuple romain leur portait. Désespérant d'y parvenir, ils eurent recours aux moyens les plus bas. C'est ainsi qu'ils en usèrent d'abord envers *Tibérius*. On sait comment, dans une réunion tumultueuse, ce personnage porta les mains à sa tête pour montrer au peuple, qui ne pouvait entendre sa voix, le danger qu'il courait dans un moment où il était environné de ses ennemis. Ceux du Sénat interprétèrent ce mouvement avec perfidie, en s'écriant, et faisant répandre parmi la foule, que Tibérius demandait, par son geste, qu'on lui donnât la couronne ou le bandeau royal. Ce fut dans la confusion que devait nécessairement causer une telle accusation, que les Patriciens le massacrèrent, au milieu de plusieurs de ses amis qui partagèrent son sort.

Caïus suivit les exemples de son frère, dont il avait la mort à venger, circonstance qui peut expliquer le degré de véhémence qui distingua sa parole de celle de Tibérius, tous deux d'ailleurs si semblables l'un à l'autre.

Il venait d'échouer dans la poursuite de son troisième tribunat : ses ennemis avaient à peine installé *Opimius* dans la charge de Consul, qu'ils résolurent d'annuler les lois décretées par *Caïus*, notamment celle qui ordonnait le repeuplement de Carthage, détruite par *Scipion*, son aïeul maternel.

Ses entreprises en faveur du peuple lui attirèrent, comme à son frère, la haine du Sénat et de la noblesse, qui cherchaient sans cesse à l'irriter, dans l'espoir qu'il leur offrirait lui-même, l'occasion de lui arracher la vie. Tout d'abord, *Caïus* souffrit leurs injustices avec patience; mais ses amis, et principalement *Fulvius*, personnage consulaire d'une énergie exaltée, l'excitèrent tant, qu'à la fin il consentit à réunir ses gens, pour faire tête au consul.

Quand vint le jour assigné pour le rappel de ses lois, les deux partis occupèrent le *Capitole*, où l'un des sergents du Consul injuria *Fulvius* et ceux de son parti, ce qui fut cause qu'ils le tuèrent sur-le-champ à coup de poinçons. Ce meurtre mécontenta beaucoup *Caïus*, qui apercevait tout l'avantage que ses adversaires en pourraient obtenir. Comme il l'avait prévu, le consul *Opimius* et les sénateurs tentèrent d'émouvoir le peuple, en le pressant de tirer vengeance d'une mort que la victime avait provoquée par ses injures. Mais, le souvenir de Tibérius, assommé malgré la magistrature si puissante de Tribun, dont il était revêtu, disposa davantage l'esprit du peuple en faveur de *Caïus* et des siens.

Plutarque, à qui nous avons eu recours pour ce récit, ajoute que, prêts d'en venir aux mains, la pluie survint et sépara les deux partis jusqu'au lendemain.

Pendant la nuit, chacun se tint sur ses gardes, et quand le jour fut venu, *Caïus* ne voulut pas s'armer malgré les instances de ses amis ; il sortit de chez lui, vêtu d'une robe, comme s'il allait simplement sur la place, suivant sa coutume. La présence de son jeune enfant, les larmes et les prières de sa femme *Licinia*, rien ne peut le retenir ; le destin l'entraîne à sa perte.

C'est ce dernier passage de la vie de *Caïus*, que les élèves de l'École des Beaux-Arts avaient à rendre.

Il nous reste à dire comment Milhomme l'a exprimé.

A gauche de sa composition, ce lauréat a représenté *Caïus* s'éloignant de chez lui, avec ses amis, pour rejoindre ses partisans.

Caïus est en robe longue, sans armes.

Il vient de se débarrasser doucement des bras de sa femme, qui ne pouvant le retenir, est tombée évanouie. On distingue la position de *Licinia* dans la partie droite du bas-relief, et ses femmes tout éplorées qui viennent pour la secourir. L'une d'elles s'empresse de relever sa maîtresse, dont le jeune enfant qu'elle tenait par la main, au départ de son mari, semble vouloir la ranimer par ses caresses, et fait de ce groupe un sujet des plus attendrissants.

Comme contraste aux sensations que *Caïus* s'efforce de refouler dans son cœur, les figures de ses compagnons expriment les passions qui les animent au moment d'une entreprise aussi périlleuse.

Toute cette composition est très-savamment étudiée. Le style en est sage et le dessin correct. On s'accorde à donner beaucoup d'éloges aux attitudes expressives des personnages et à l'ajustement des draperies.

Un des mérites de cet ouvrage, c'est l'air qui paraît circuler entre les figures et les groupes ; c'est la disposition des plans et de la scène qui se passe à quelques pas du portique de la maison de *Caïus*, au-devant duquel s'élève une statue de Rome.

Nous insistons sur cette remarque, parce que ce portique, cette statue de *la Ville éternelle* qu'on aperçoit dans un arrière-plan, donnent du mouvement et du naturel à la scène, et indiquent que l'auteur savait parler aux yeux comme à l'âme, en employant fort habilement tout ce qui pouvait contribuer à l'animation et à la grandeur de son sujet, sans nuire à la vérité historique. C'est un avantage que nous avons cherché en vain dans le bas-relief de *Marin*, dont les figures paraissent adossées à une muraille. Ce bas-relief a été classé parmi les grands prix, à l'École des Beaux-Arts, où il nous arrive souvent de l'examiner, sans pouvoir nous habituer à l'absence de fond, pas plus qu'à la pose de *Licinia*, en qui rien n'indique qu'elle doive être bientôt secourue.

On croirait qu'elle vient d'être assassinée par *Caïus*, qui s'éloigne en cachant un poignard sous sa robe.

Quant à l'ouvrage de Milhomme, il est placé dans le Musée de Valenciennes, sa ville natale.

Milhomme, dont l'ambition semblait satisfaite par ce succès, si laborieusement poursuivi, partit pour Rome, au commencement de 1802.

Il exécuta en Italie :

APOLLON et les MUSES au Tombeau d'Alfieri.
Bas-relief.

Le célèbre poète tragique Alfieri, naquit à Asti, le 17 janvier 1749, d'une des principales familles du Piémont.

Il rencontra, en Italie, la princesse *Stolberg*, épouse de Charles Stuart, dernier prétendant d'Angleterre. Alfieri s'attacha à cette femme charmante, plus connue sous le nom de comtesse d'Albani, avec laquelle il se fixa à Florence, où il passa les dernières années de sa vie, dans la société intime de sa noble campagne.

Il mourut le 8 octobre 1803.

Par les soins de la comtesse, un tombeau en marbre, l'un des plus beaux ouvrages de *Canova*, lui a été élevé dans l'église *Santa-Croce*, à Florence. Voici, à peu près, ce qu'en disent différentes revues et journaux des Beaux-Arts :

L'Italie, le front couronné de tours et de créneaux, pleure sur le tombeau de son auguste fils. Un médaillon offre les traits du poète ; quatre masques antiques, placés aux angles du sarcophage, rappellent les jeux de la scène où Alfieri a triomphé. Son nom et le nom d'Asti, sa patrie, se lisent autour de son portrait où la ressemblance est, dit-on, parfaitement conservée.

Mais, le monument dû au ciseau de *Canova* n'est pas le seul érigé à la mémoire de l'illustre défunt. Les Beaux-Arts doivent aussi au talent de Milhomme, un magnifique bas-relief dont nous possédons un trait gravé, que nous avons mis sous les yeux de M. *Lemaire*, l'un de nos plus habiles statuaires. Nous supposions qu'il lui serait facile, comme étant le compatriote et l'ancien élève de Milhomme, de nous fournir des renseignements sur l'exécution de cet ouvrage. Malgré un examen plein d'intérêt, et après avoir donné beaucoup de louanges à la composition qui nous occupe, M. *Lemaire* n'a pu satisfaire notre curiosité. Néanmoins, nous espérons qu'avec de la persévérance dans nos recherches, nous parviendrons à savoir pour quel édifice ce bas-relief a été exécuté, et dans quel endroit il est placé.

Il est certain que l'ouvrage dont il s'agit a été fait à Rome ou à Florence, peu de temps après la mort d'Alfieri, et il est peu probable qu'il soit jamais sorti d'Italie.

En attendant de plus amples renseignements sur cette œuvre de Milhomme, nous allons en essayer la description, d'après la planche qui est entre nos mains.

L'artiste a représenté un Mausolée élevé en plein air, dans une apparence d'Élysée, ce qu'il est facile de reconnaître par un plan reculé qui laisse apercevoir un site garni d'arbres. L'ensemble de ce Mausolée figure un carré long, d'environ 2 mètres 50 centimètres de haut, en deux parties cubiques superposées, dont l'une, en forme de soubassement, a plus d'élévation et de développement que n'en a la partie supérieure. Celle-ci est couverte d'un dessus en saillie, formant corniche autour du monument qui, d'ailleurs, s'offre à la vue du spectateur sur sa face latérale gauche. Les angles sont surmontés de *Larves*. Au centre de la partie supérieure, le statuaire a représenté le buste d'Alfieri, entouré d'une couronne de lauriers. De chaque côté de ce médaillon est un flambeau renversé, qui accompagne perpendiculairement. Au-dessous et dans la partie antérieure du tombeau, se lit le nom d'Alfieri. Deux lacrymatoires, d'un relief léger, sont sculptés, aussi perpendiculairement, et dans un développement agrandi suivant les proportions de cette partie. On aperçoit dans le soubassement du monument, un petit Génie, les ailes relevées, la tête penchée sur ses deux mains réunies, tenant un flambeau éteint et renversé, sur lequel il paraît s'appuyer avec une pesanteur qui indique combien il s'abandonne à son affliction. Voilà pour la partie inanimée.

Maintenant, voici pour tout ce qui est supposé avoir vie : Au pied du Mausolée est *l'Italie* personnifiée sous les traits d'une femme. Elle est assise à terre et semble plongée dans une douleur profonde. Sa main et son bras droit sont ap-

2

puyés sur un globe dont ils accompagnent la forme sphérique. Sur le globe est tracé le nom *Italie*. Derrière, sont les *Trois Grâces*, les bras entrelacés.

Dans la partie gauche du bas-relief se font remarquer les *Muses avec Apollon*. Chaque Muse est caractérisée par ses attributs différents. Un Génie adolescent se lève de terre, et de la main gauche va poser une couronne sur le sarcophage, au-dessus du portrait d'Alfieri. Il allonge le bras droit et indique de la main la couronne d'immortalité que le Dieu des Arts lui tend avec une noble expression. Quatre des Muses, ayant à côté d'elles des masques scéniques renversés ou brisés, sont agenouillées en face et près de *l'Italie*, qu'elles s'efforcent de consoler. Elles lui présentent les couronnes qu'elles ont tressées en l'honneur du grand poète, et lui promettent l'immortalité, en témoignant qu'elles vont inscrire son nom au *Temple de Mémoire*.

Outre le portrait d'Alfieri, et le petit Génie, cette composition quoique renfermée dans un cadre d'assez peu d'étendue, n'offre pas moins de quinze figures représentées animées, et cependant aucune n'y paraît gênée ni contrainte; au contraire, l'air circule merveilleusement dans toute cette œuvre, qui prouve une très-grande habileté dans l'artiste et rehausse son talent pour la composition du bas-relief, genre de sculpture où beaucoup d'hommes d'un grand mérite pour la figure ronde-bosse, ont échoué complètement.

Nous émettons cette opinion avec d'autant plus de confiance, qu'elle est celle de l'auteur du superbe fronton de la Madeleine, qui a bien voulu prendre la peine de nous expliquer lui-même la liaison des groupes et la bonne disposition des figures ; la touche des parties nues et le savant agencement des draperies ; enfin, tout ce que ce bel ouvrage de son premier maître renferme de sentiment et d'expression poétiques.

Nous pourrions mériter le reproche de nous être beaucoup étendu dans cet article, si nous ne disions, pour notre excuse, que le grand nombre et la variété des études faites et laissées par Milhomme sur cette savante et belle composition, indiquent toute l'importance qu'il attachait à son sujet.

HERMAPHRODITE. Statue en marbre, exécutée à Rome. Elle a été exposée aux Petits-Augustins en 1818.

On sait que les Grecs ont créé, sous la désignation d'*Hermaphrodite*, une nature mixte, composée de celle des deux sexes. Ils donnaient aux Hermaphrodites la taille et les traits de femme, un sein virginal et le caractère distinctif de la virilité.

La statue de Milhomme est une imitation libre des belles Hermaphrodites couchées, de la Galerie de Florence.

Après trois mois de recherches, et une correspondance suivie avec la direction des Beaux-Arts, nous ne savons pas encore la destination qui a pu être donnée à cette statue, qui se trouve sans doute dans quelque musée.

PSYCHÉ. Statue en marbre, exécutée à Rome. Elle porte le millésime de 1806, et a été exposée au Salon de 1810.

Cette jolie statue, d'un style suave et gracieux, d'un dessin pur et correct, qui attestent l'étude de l'antique, représente Psyché appuyée contre un autel et ayant à ses pieds le poignard avec lequel ses sœurs lui ont conseillé d'arracher la vie à son époux.

Milhomme n'a pas indiqué, dans la *Notice du Salon*, le moment qu'il a choisi pour motiver son sujet. Mais l'attitude de Psyché, son air pensif, et le mouvement qu'elle paraît faire pour se dépouiller de son dernier vêtement, semblent annoncer que l'artiste a voulu saisir l'instant où cette jeune princesse se dispose à aller trouver son époux, plongé dans les douceurs du sommeil.

L'ouvrage de M. le comte *de Clarac*, sur le

Musée français, en donne la description suivante :

« Debout, près de l'autel sur lequel vainement
» elle a fait fumer l'encens pour apaiser la ja-
» louse déesse qui la poursuit ; dans l'attitude
» de la réflexion et de l'abattement, la tête pen-
» chée, n'ayant plus la force de lever les bras,
» qui tombent le long du corps, la timide Psyché,
» sans autre vêtement que la draperie légère qui
» enveloppe son bras droit, est sur le point
» d'aller retrouver l'objet inconnu de son amour.

» Agitée de mille pensées, elle semble hésiter
» et près de laisser échapper la lampe fatale
» qu'elle tient de la main gauche, et qui doit
» servir sa curiosité et causer tous ses mal-
» heurs. »

Cette statue, lors de son apparition, fit le plus grand honneur au talent de Milhomme et lui assura, dès ce moment, une place distinguée parmi les maîtres de l'École française.

Le temps n'a fait que confirmer de plus en plus les éloges mérités dont elle a été l'objet à l'époque du salon de 1810 ; et depuis, elle a été jugée digne de faire partie de la collection du Musée français, au Louvre, où on la voit, sous le n° 23.

HOCHE. Statue en marbre, exécutée à Rome, pour le Temple de la Gloire. Elle est datée de 1808.

La coutume d'ériger des statues aux hommes qui ont bien mérité de la patrie, remonte aux peuples les plus anciens.

Sans parler des Égyptiens, nous voyons les Grecs élever des statues aux faux dieux pour les honorer et leur rendre grâce des bienfaits qu'ils croyaient en recevoir. Cet usage prit donc sa source dans le sentiment religieux que fait naître en nous tout ce qui dépasse les bornes de notre intelligence, frappe notre esprit et nous commande le respect ou la crainte.

Ce que les Grecs avaient fait pour les divinités de l'Olympe, ils le firent bientôt pour les héros et demi-dieux dont parle Homère.

Puis après, cet usage s'étendit aux législateurs, pour la sagesse des lois qu'ils donnèrent à leurs concitoyens ; aux philosophes et aux orateurs, pour l'élévation de leur génie, qui éclaira les peuples ; aux poètes, dont les chants honorèrent la vertu et transmirent à la postérité de grands et nobles exemples. Beaucoup de grands hommes de l'antiquité eurent des statues. Mais, ce qui les multiplia le plus dans la Grèce et dans l'Italie, ut le grand nombre de ces monuments qu'on érigea aux grands capitaines, pour l'admiration et la reconnaissance qu'inspirèrent leur courage, leurs grandes actions, et leur ardent amour de la patrie.

On comprend que les Romains, dont le gouvernement s'appuyait sur la conquête, ne pouvaient négliger un tel moyen d'émulation parmi eux.

Depuis un demi-siècle, la France, plus qu'aucun autre pays moderne, a montré beaucoup d'empressement à honorer les hommes qui ont rendu de grands services à la patrie, dans les armes, les sciences ou les arts.

Dulaure, en parlant de l'*Eglise de la Madeleine* et du *Temple de la Gloire*, rapporte que diverses constructions commencées, démolies et recommencées, mais jamais achevées, déterminèrent des architectes à proposer au Gouvernement plusieurs projets pour leur achèvement.

Il paraît que ces projets inspirèrent à l'empereur Napoléon l'idée d'en faire un *Temple dédié à la gloire des armées françaises.*

En 1806, un programme fut publié.

Ce temple devait être, intérieurement, décoré des statues des maréchaux et des généraux dont les services étaient les plus dignes de mémoire, et de tables d'or, d'argent, de bronze et de marbre, sur lesquelles on se proposait de graver, selon le mérite de leurs actions, les noms des braves de nos armées.

Dulaure ajoute que plus de cent-vingt projets

parurent, et que celui de Pierre Vignon eut la préférence.

Le général Hoche, mort à l'armée de Rhin-et-Moselle, ne pouvait manquer d'être du nombre des guerriers auxquels la reconnaissance nationale décernait un monument public, seule récompense digne de leurs travaux.

La statue de *Hoche* fut ordonnée par l'empereur, pour être placée dans le *Temple de la Gloire*, redevenu depuis *église de la Madeleine*.

Le Gouvernement en confia l'exécution à Milhomme.

Le jeune héros est représenté assis sur un siége antique, et dans une attitude fort belle; une partie de la poitrine, les bras et une portion des jambes sont nus. Une ample draperie ou chlamyde jetée sur la partie inférieure de la figure, passe derrière et revient sur l'épaule et le bras gauches. La tête est coiffée du casque grec et les pieds sont chaussés de cothurnes. De la main droite il tient un rouleau, et la gauche repose sur le pommeau d'une épée.

Il y a, dans le port de la tête et dans le regard du général, quelque chose de noble et d'imposant qui s'accorde parfaitement avec la tradition.

Les parties du nu sont bien modelées : quelques critiques ont cependant prétendu que la tête et les pieds *paraissaient un peu forts*. La draperie est parfaitement disposée et d'une très-bonne exécution. La coiffure et quelques autres accessoires sont d'une richesse surabondante, et malgré cela, répétons-le, il y a de l'élan dans la pose, un grand caractère dans l'ensemble, et des détails qui indiquent un talent supérieur. En général, cette composition, comme œuvre d'art, est d'une grande beauté et produit beaucoup d'effet ; elle est surtout remarquable par le goût de l'antique, que Milhomme avait longtemps étudié, et qu'il affectionnait comme ce qu'il y a de plus noble, de plus beau, et le seul qui convienne à la sculpture monumentale et fasse valoir le talent du statuaire.

Au premier coup d'œil, il doit paraître peu intéressant de représenter un général dans l'attitude du repos; mais si l'on réfléchit que Hoche est plus célèbre encore par la pacification de la Vendée que par les brillantes victoires qu'il a remportées pendant sa courte carrière (1), l'on conviendra que la pensée de l'artiste a été fort bien rendue par le rouleau qui indique un traité que le général appuie de sa parole et de son épée.

Nous rappellerons, en terminant, que cette statue fit partie du *Salon de* 1812, où elle obtint un succès éclatant.

En 1832, on inaugura avec beaucoup de solennité (2), sur la place Dauphine, à Versailles, la

----

(1) Hoche est mort à 29 ans.
(2) Voyez le *Moniteur universel* du 17 août 1832.

statue dont nous venons de rendre compte, mais on ne tarda pas à s'apercevoir qu'elle n'avait pas été composée suivant cette destination.

Elle a disparu depuis, et le Roi *Louis-Philippe*, l'a fait placer dans les *galeries de Versailles*, admirable consécration de ce *Temple de la Gloire*, dans lequel le bel œuvre de Milhomme a retrouvé sa première, sa véritable destination.

NOTE. — A la fin de 1833 ou au commencement de 1834, le maire de Versailles ouvrit un concours pour la composition *d'un piédestal monumental* destiné à recevoir la statue assise du général *Hoche*, celle précisément qui est due au ciseau de Milhomme.

Les journaux du temps annoncèrent que sur quinze projets, parmi lesquels plusieurs offraient un véritable mérite, celui de M. *Biet* avait été couronné par l'administration municipale, et que *les deux bas-reliefs de feu Milhomme, auteur de la statue, étaient employés dans ce projet.*

Nous devons dire que, malgré nos recherches, nous n'avons pu, jusqu'à présent, nous procurer aucun renseignement positif sur ces deux bas-reliefs, dont l'existence ne nous a même été révélée que par l'appel fait au public à l'occasion du *piédestal monumental* resté à l'état de projet.

GANYMÈDE enlevé par JUPITER. Modèle de grandeur naturelle.

Ganymède, fils de *Tros*, était si beau et si bien fait, que Jupiter, après le malheur qui arriva à Hébé, l'enleva et lui donna l'emploi qu'avait cette déesse, de lui verser le nectar.

Tel est le sujet traité par Milhomme en figures ronde-bosse. Les amis des arts doivent regretter qu'il ne lui ait pas été possible d'en entreprendre le marbre en Italie, où il a même été forcé de laisser son œuvre pour ne pas augmenter le nombre de ses caisses, à son retour.

Milhomme attachait un très-grand prix à cet ouvrage, et parlait souvent de le faire venir en France.

Nous ignorons s'il est resté à la *Villa Médicis*, occupée par l'Académie de France à Rome ; cela est très-probable et nous le vérifierons.

La difficulté d'obtenir des renseignements sur la vie et les ouvrages d'un artiste mort depuis plus de vingt-un ans, et lorsque ses contemporains ont aussi payé le même tribut à la nature, est grande, comme bien on pense, et il a dû nous arriver déjà de commettre des omissions que le lecteur saura nous pardonner.

Les faits les plus positifs nous apprennent que Milhomme ne revint en France que dans le courant de 1809. Il a donc passé près de huit ans en Italie, ce qui nous porte à croire qu'il y a exécuté plus de travaux que nous n'en connaissons. Il est certain qu'il a sculpté, pendant ce laps de temps, quelques petits ouvrages que leur mérite fait beaucoup rechercher par les amateurs. Ainsi, M. *Ducis*, peintre, à qui nous devons les tableaux de *Properzia*, du *Tasse*, de *Van-Dick*, de *Marie-Stuart* et d'autres charmantes productions fort goûtées du public, nous a montré une petite figure en marbre blanc, exécutée en Italie par Milhomme. Cette statuette est dans la proportion de 25 centimètres. Elle représente une Egyptienne appuyée sur les genoux. Toute la partie supérieure du corps est droite et le buste entièrement nu. Les bras se réunissent par-devant, et les mains, l'une sur l'autre, sont posées sur le corps, au-dessous des seins. La partie des avant-bras est accoudée sur le dessus d'un œil-de-bœuf ou lunette destinée à recevoir un mouvement de pendule. Le torse de la figurine accuse assez fortement cette rondeur de contours propre aux Égyptiens. Les jambes et les pieds occupent le reste du socle, qui a un plus grand développement sur ses faces de côtés. On remarque au-dessous de la lunette, une tête de lion admirablement rendue. Tout autour de la plinthe, et sur les pans, sont des hiéroglyphes.

M. *Ducis* prise beaucoup la beauté et la finesse de ce petit chef-d'œuvre, qu'il s'est procuré à un prix très-élevé.

Nous savons qu'en Italie, Milhomme connut **M.** *Demidoff*, qui le distinguait honorablement. On nous a même assuré que ce Mécène lui porta un intérêt tout particulier, d'où nous croyons pouvoir conclure, avec assez de vraisemblance, qu'il lui a fait exécuter des sculptures. Nous ne serions pas étonné d'apprendre, par la suite, que le bas-relief des *Muses au tombeau d'Alfieri*, ait été fait à sa demande. La mort d'Alfieri lui offrait une occasion d'honorer deux beaux talents à la fois, et cette bonne fortune n'aura point échappé à un grand seigneur qui vivait loin de sa patrie, pour se procurer toutes les jouissances que la France et l'Italie lui prodiguaient à l'envi.

Le livret du Musée de Valenciennes indique que Milhomme aurait sculpté à Rome, le buste en marbre de *Pie VII*, pour le prince *Jérôme Bonaparte*, et que pendant son séjour en Italie il s'attira la bienveillance du cardinal *Fesch*. Personnellement, nous ne savons rien à cet égard, mais il faut croire que le rédacteur du livret a puisé ces renseignements à bonne source. Ce que nous pouvons dire, c'est que le talent de Milhomme fut encouragé d'une manière très-flatteuse par le prince de *Canino*, pour qui ce statuaire a exécuté plusieurs morceaux de sculpture, notamment sa *Psyché*, que les événements survenus dans les États de l'Église, l'ont empêché de lui livrer.

Le même recueil dit encore que Milhomme revint voir sa ville natale en 1809, et qu'à sa recommandation, le traitement des professeurs de l'Académie de peinture et de sculpture de Valenciennes fut augmenté. Enfin, il ajoute, qu'ayant reconnu les grandes dispositions du jeune *Henri*

Lemaire, il lui fit accorder une pension pour continuer ses études, et que pendant quelque temps il le prit pour son élève, à Paris. Ce dernier fait est à notre parfaite connaissance, et quoique M. *Lemaire* eût quitté l'atelier de Milhomme pour celui de Cartellier, nous devons dire que cet artiste, sans s'énorgueillir de la réputation qu'il s'est faite par ses travaux, ne manque pas de reconnaître et de rendre pleine justice au talent de son premier maître.

Nous dirons aussi, avant de suivre Milhomme dans une nouvelle phase de sa vie, qu'à l'époque de l'avénement du *I*er *Consul* à l'empire, on présenta aux pensionnaires de l'Académie de France à Rome, une adhésion à signer, mais que Milhomme et M. *Paris*, directeur de l'Académie, la repoussèrent, ce qui ne dut pas les bien noter dans l'esprit du nouveau monarque, qui ne souffrait guère l'opposition de ceux qui tenaient à son gouvernement.

Lors de son départ pour l'Italie, Milhomme était marié; il avait même un fils. Pendant son absence, il perdit sa femme et son enfant.

Voilà tout ce que nous avons pu recueillir sur la vie et les ouvrages de Milhomme, jusqu'au commencement de l'année 1810; et pour ne rien omettre de ce que nous avons appris, il nous reste à mentionner qu'entre ses concours, il exécuta *deux Anges* pour l'église de Saint-

Eustache de Paris, et un assez grand nombre de bustes.

Le plus ordinairement, les Pensionnaires de Rome reviennent en France à l'expiration de leur temps de pensionnat, et ils peuvent avoir alors de 33 à 35 ans, tout au plus. Il y a cela d'extraordinaire dans la vie de Milhomme, qu'il partit pour l'Italie à plus de 43 ans, et qu'il était dans sa 52ᵐᵉ année lorsqu'il en revint. C'est à un âge aussi avancé, et quand déjà l'empire, à son apogée, avait fait ses plus riches commandes aux artistes, que Milhomme dut songer à renouer des rapports, interrompus depuis huit ans, avec une administration dont les avenues étaient occupées par d'heureux rivaux.

En 1811, Milhomme se remaria ; il épousa une veuve qu'il avait déjà recherchée une quinzaine d'années auparavant.

1812.

SALON.

Outre la statue de Hoche, notre artiste exposa le buste du général comte *Miollis*, gouverneur de Rome ;

Et celui de Balthazar *Miollis*, adjudant-général, commandant à *Civita-Vecchia*.

Celui de *Duchesnois*, sa compatriote ;

Et celui de *Talma*.

Le livret du Musée de Valenciennes dit que ces deux derniers bustes ont été faits pour le foyer du Théâtre-Français. Nous les y avons cherchés en vain, et nous pensons qu'ils sont aujourd'hui à Valenciennes.

Nous voyons dans le livret du Salon de 1812, l'indication de deux bas reliefs, modèles en plâtre. L'un représentant le *Tibre*, l'autre la *Seine*. Il n'est pas possible que ces bas-reliefs soient ceux dont il a été question pour le piédestal monumental destiné à recevoir la statue assise de Hoche; car le rapprochement de ces fleuves n'a rien de commun avec la vie du jeune héros.

D'après des renseignements qui nous sont parvenus un peu tard, mais que nous croyons exacts, nous pensons que les bas-reliefs dont il s'agit ont été demandés à Milhomme par M. *Heurtaut*, architecte, pour les cascades de Fontainebleau.

ARC-DE-TRIOMPHE DE L'ÉTOILE, ainsi appelé à cause de la vaste place circulaire au centre de laquelle il est construit.

Chalgrin, architecte, a fourni les dessins de cet édifice, un des plus colossaux que l'on ait entrepris. La première pierre en fut posée en 1806, le jour de la fête de l'empereur Napoléon.

A peine si quelques-unes de ses parties s'élevaient au-dessus du sol, au moment du mariage de
ce souverain avec une archiduchesse d'Autriche.

L'empereur, pour donner à sa jeune épouse
une grande idée de la capitale de l'empire français, voulut qu'elle fît son entrée dans Paris par
le bois de Boulogne, la route de Neuilly et la
barrière de l'Étoile ou des Champs-Élysées.
L'arc triomphal s'offrit à la vue de *Marie-Louise*,
par le moyen de charpentes et de toiles peintes,
avec toute la magnificence qu'il devait avoir lors
de son entier achèvement.

Nous croyons l'avoir déjà dit : pendant son
séjour en Italie, séjour qu'il prolongea bien au-
delà de son temps de pensionnat, Milhomme, à
l'exception de sa figure de *Hoche*, n'eut aucune
part dans les sculptures ordonnées par le gouvernement pour le *palais du Louvre*, la *Colonne de
la place Vendôme*, l'*Arc du Carrousel*; et autres
travaux importants exécutés pendant les belles
années de l'empire; mais, à son retour en France,
il obtint une partie de celles de l'Arc-de-Triomphe
de l'Étoile, dont il composa une infinité d'études
et d'esquisses. Ces sculptures avaient été accor-
dées à Milhomme d'après le désir de *Chalgrin*,
qui le connaissait avant qu'il partît pour Rome :
il paraît même que cet habile architecte avait
déjà éprouvé son talent dans la restauration des

statues, dont il décora le **Luxémbourg** sous le gouvernement du Directoire.

Malheureusement, la guerre avec la **Russie**, en 1812 et années suivantes, fit d'abord suspendre les travaux, puis on les ajourna indéfiniment; et après les événements de 1814 et de 1815, ils furent tout-à-fait abandonnés.

Il est hors de doute que si Milhomme eût survécu à l'expédition d'Espagne, en 1823, époque à laquelle le gouvernement ordonna la continuation de l'Arc de l'Étoile, dans le dessein de glorifier la campagne du duc d'Angoulême, il aurait obtenu des commandes pour cet édifice, équivalentes aux travaux qu'il s'était vu enlever par les catastrophes politiques antérieures. Cependant, il n'est pas probable qu'il eût pu les conduire à fin, car le moñument de l'Etoile n'a été achevé que depuis la révolution de 1830, et encore les projets de décoration ont-ils été changés et refaits suivant de nouvelles idées qui les rapprochent assez des projets primitifs.

Une grande partie des études et esquisses de Milhomme n'existe plus.

COLONNES de la barrière du Trône ou de Vincennes.

La plus belle entrée de Paris, après celle de l'Étoile, est sans contredit par le Cours de Vincennes, la barrière du Trône et le vaste faubourg Saint-Antoine. Ces deux entrées, quoique diamétralement opposées, s'unissent par la belle voie du faubourg Saint-Antoine, les boulevarts plantés d'arbres, à partir de la place de la Bastille jusqu'à l'église de la Madeleine, la place Louis XV et l'avenue des Champs-Élysées qui conduit à Neuilly, en sortant de Paris par la barrière de l'Étoile.

Les deux *Colonnes monumentales* qui décorent la barrière du Trône, ont 25 mètres de hauteur. Les piédestaux servent de guérites aux employés de l'octroi.

M. *Denon*, directeur des Musées sous le gouvernement impérial, vivra longtemps dans les souvenirs des artistes, pour les encouragements qu'il ne cessa de donner à ceux de son époque, et pour l'honorable distinction qu'il fit du mérite de plusieurs d'entre eux.

Ce savant se proposait d'employer le ciseau de Milhomme à de grands et nobles travaux, et il commença par le charger de l'exécution de la statue de *Hoche*, en 1806.

C'est aussi à son amour éclairé pour les beaux-arts, que Milhomme dut l'acquisition par le gouvernement, de sa statue de Psyché, dont le prix devait lui permettre d'attendre la mise à exécution des travaux de l'Arc-de-Triomphe de l'Étoile, et de ceux dont nous allons parler, si aucun fâcheux évènement n'était survenu. Enfin, M. Denon fit avoir à Milhomme la commande des

statues pour les plate-formes des chapitaux, et
des figures aériennes qui devaient environner
le fût des colonnes de la barrière du Trône.

De même que pour l'Arc de l'Étoile, Milhomme
composa toutes les études de ces importants travaux, dont les esquisses furent même moulées en
plâtre. Hélas! la fortune ne voulut pas permettre
que Milhomme tirât aucun avantage réel de toute
cette flatteuse sollicitude.

Nous craignons de fatiguer l'attention du lecteur, en répétant que les événements de 1812 à
1814 paralysèrent ces travaux, comme ceux de
l'Étoile ; comme tous ceux en projets ou même
en cours d'exécution à cette époque de calamités
publiques.

PALAIS DU LOUVRE.

Il y a peu de temps, M. *Fontaine*, architecte du
Louvre, nous disait qu'il avait fait accorder à
Milhomme, une partie des sculptures intérieures
de ce Palais, et qu'il regrettait beaucoup que les
circonstances en eussent empêché la prompte
exécution.

M. *Fontaine* semble faire grand cas du talent
de Milhomme, qui était dans le goût de la décoration adoptée par M. *Percier* et par lui, pour
le superbe édifice qui a mis le sceau à la réputation de ces deux célèbres architectes.

1814.

SALON.

Milhomme exposa le buste de Henri IV, roi de France;

Celui de Pie VII, souverain Pontife;

Celui de Léonard de Vinci;

Celui du fils de M*** architecte.

1815.

Il modela différents bustes de Louis XVI, et des membres de sa famille;

Celui du roi Louis XVIII, etc.

1816.

Travaux pour la ville de Valenciennes. LOUIS XV. Statue; modèle en plâtre.

La place de la ville de Valenciennes était, avant la révolution de 1789, décorée d'une statue de Louis XV, exécutée en marbre par *Saly*, sculpteur valenciennois. Lorsque, pendant la terreur, tout ce qui rappelait la royauté disparut, cette statue fut brisée. En 1816, Milhomme offrit d'en exécuter une nouvelle, ce que la ville accepta. Les différents devis s'élevaient à la somme de 53,000 fr., non compris les marbres qu'on espérait obtenir du gouvernement. Dans

cette somme, le travail de Milhomme était com
pris pour 25,000 fr. Comme on le voit, la ville
avait eu l'intention d'honorer noblement le talent
supérieur d'un de ses enfants, et de réparer les
rigueurs que la fortune faisait peser sur lui;
mais, par une fatalité qui le poursuivit impitoya-
blement, la disette de 1816 et de 1817 survint
et obligea la ville à employer les fonds destinés
au monument, à acheter des grains pour nourrir
les indigents. Les conventions faites avec Milhomme furént donc rompues et il reçut seulement 2,500 fr. d'après le réglement de compte
établi par le préfet, tant pour le modèle du
Louis XV, que pour ceux de deux bas-reliefs destinés à compléter le monument. L'un de ces bas-
reliefs représentait la bataille de Fontenoy, l'autre
la prise de Tournay. Ils ont été détruits par
l'écroulement d'une partie de l'Hôtel-de-Ville,
en 1826. Les dessins en sont perdus.

Milhomme a représenté Louis XV debout,
vêtu du costume guerrier des Césars, la tête nue
et ceinte d'une couronne de laurier. Les pieds
sont chaussés de brodequins. Le bras droit est
étendu, et l'index dirigé vers la terre, dans l'attitude du commandement. Le monarque saisit fortement une épée de la main gauche, et l'ensemble de ses mouvements indique qu'il la tirera du
fourreau si on l'y contraint. La pose, le port de
la tête et le coup d'œil du prince sont nobles

et fiers. En général, les parties du nu, véritable pierre de touche du savoir de l'artiste, méritent de grands éloges. La figure et le col se distinguent par leur beauté. Un manteau jeté légèrement sur les épaules, drape admirablement une partie de la poitrine et du bras gauche, et forme en quelque sorte un fond à la statue, dont il complète les conditions monumentales. Le mouvement du bras droit, en soulevant ce vêtement. lui donne une ampleur sur laquelle se détachent les belles formes du roi.

Pour cette statue, destinée à sa ville natale, comme pour celles de *Psyché*, de *Hoche*, de *Ganymède*, etc., Milhomme a eu recours à toutes les ressources de son art, ce qui rend plus regrettable que les fâcheuses circonstances dont nous avons parlé, l'aient empêché d'exécuter un morceau de sculpture qui devait rendre plus manifeste toute la puissance de son talent.

Le modèle de la statue de Louis XV est placé dans le Musée de Valenciennes.

L'ABONDANCE, Statue colossale en pierre, placée dans le Marché Saint-Germain, à Paris.

Elle est datée de 1816.

Cette statue représente une femme d'une forte nature, assise et couverte d'un vêtement léger, qui laisse apercevoir les formes. Elle a les bras entièrement nus, et tient de chaque main une corne d'où sortent des fruits et denrées, emblème de l'*Abondance* qui règne dans le lieu. La face du piédestal, au-dessus d'un bassin demi-circulaire, offre une bouche qui depuis longtemps ne fournit plus d'eau.

Malgré les réflexions du journal l'*Artiste*, du 12 Novembre 1843, la grille qui, dans l'origine, protégeait cette statue, n'a pas été réparée; en telle sorte, que les dégradations et souillures signalées dans ce journal, peuvent se renouveler chaque jour sans aucun obstacle. Un tel état de choses accuse l'administration municipale.

M. *Rohault-de-Fleury*, architecte, possède le modèle d'après lequel la statue de l'*Abondance* a été exécutée.

Rétablissement de la Statue de HENRI IV, sur le Pont-Neuf, à Paris.

Appelé dans le sein d'une commission chargée d'examiner les projets soumis à l'administration, pour le rétablissement de la statue de Henri IV sur le Pont-Neuf, Milhomme y donna son avis. On lui demanda même un projet qu'il fournit, et qu'on fut sur le point de préférer à celui de *Lemot*, statuaire d'un grand talent, qui a laissé de très-beaux ouvrages.

Milhomme était trop peu courtisan pour obtenir des travaux dans de pareilles conditions, ses projets eussent-ils été préférables à ceux de ses concurrents.

En faisant ces réflexions, nous n'avons pas l'intention d'attaquer l'œuvre de *Lemot*, qui est aussi belle, aussi consciencieuse que possible; mais seulement d'indiquer, qu'eu égard au caractère de Milhomme, les concours et les commissions étaient des institutions qui devaient le tenir à l'écart, parce qu'en général on y sent trop l'influence de ceux qui sont empressés de faire dés démarches et de se montrer.

1817.

SALON.

COLBERT, Ministre d'État. Statue en plâtre; modèle de celle colossale qui devait être plus tard exécutée en marbre, pour la décoration du Pont de la Chambre des Députés.

En 1816, le gouvernement du roi Louis XVIII parut vouloir reprendre plusieurs projets d'embellissement de la capitale, que les malheurs de la guerre avaient fait entièrement abandonner ou suspendre depuis quatre années. Il arrêta l'exécution de douze statues qui devaient être placées sur les piédestaux du Pont Louis XVI ou de la Chambre des Députés. Ces statues étaient celles de *Suger*, de *Duguesclin*, de *Bayard*, de *Sully*, de *Richelieu*, de *Condé*, de *Turenne*, de

Colbert, de *Duquesne*, de *Tourville*, de *Duguay-Trouin* et de *Suffren*.

M. de Vaublanc, alors ministre de l'intérieur, qui connaissait Milhomme d'ancienne date, lui annonça que l'exécution de la statue de Colbert lui était confiée.

Dans une lettre, on ne peut plus flatteuse pour l'artiste, ce ministre lui écrit « qu'il doit voir par le choix qui a été fait de son ciseau pour l'exécution de la statue *du grand Colbert*, la distinction honorable que Sa Majesté fait de son talent, » etc.

Milhomme fit aussitôt son esquisse, à laquelle succéda promptement son modèle coulé en plâtre, qu'on vit au salon de 1817.

Colbert est représenté debout, les jambes croisées, le bras droit appuyé sur une console, un crayon à la main. Le bras gauche est pendant, et la main tient un rouleau de papier. Ce ministre est enveloppé d'un manteau.

Nous nous rappelons avoir lu, en 1818 ou 1819, dans un ouvrage qui paraissait par cahiers, et que nous croyons être le *Journal des Savants*, un article de M. *Quatremère de Quincy*, sur cette statue, dont il rendait un compte très-favorable, malgré l'ingratitude du sujet que le statuaire avait à traiter.

On ne sait peut-être pas assez que dans les douze statues commandées par le gouvernement, il était difficile d'en trouver une qui offrît moins de ressources à l'imagination de l'artiste.

Voici le portrait que M. *Frémy* fait du grand *Colbert,* dans son ouvrage sur les statues du pont.

«.... Cette chaleur de l'âme qu'un homme dis-
» tingué imprime à ses actes, à ses idées; ce feu
» de la parole qui signale les esprits supérieurs,
» paraissent lui avoir totalement manqué.

» Aussi, personnellement, Colbert n'éblouit
» jamais; cependant quel éclat le pouvoir n'a-t-il
» pas jeté dans ses mains! Il faut expliquer cela :
» Cet homme illustre, qui faisait sur Louis XIV
» l'effet d'un bourgeois logé à la Cour, était sans
» éloquence; sa parole était sèche, et il affectait
» *un air commun dans ses manières.* Cette parole
» nue, *ces traits vulgaires ne pouvaient donc*
» *frapper la foule* qui restait séduite par d'au-
» tres hommes distingués, et par ces gentils-
» hommes si spirituels, si brillants, qui se pres-
» saient au pied du trône de Louis XIV. »

Nous avons cru convenable de mettre ce por-
trait sous les yeux du lecteur, afin d'éclairer son jugement, si la curiosité le porte à visiter la statue de Colbert, qui nous paraît au surplus mériter l'éloge qu'en a fait M. *Quatremère de Quincy.*

M. le ministre de l'intérieur vient d'accorder le modèle en plâtre, à la ville de Valenciennes, pour son Musée.

L'HISTOIRE. Bas-Relief; modèle en plâtre, qui devait être exécuté en marbre pour la fontaine de l'Éléphant, place de la Bastille, à Paris.

Un décret impérial de 1810, ordonna la construction d'une fontaine sous la figure colossale d'un *Éléphant* en bronze, fondu avec les canons pris sur les Espagnols insurgés. Elle devait être décorée de vingt-quatre bas-reliefs, représentant les *Sciences et les Arts*.

Milhomme fut chargé d'exécuter celui représentant l'*Histoire*.

Il a rendu cette allégorie, dans un cadre de 80 centimètres carrés, par deux jolies figures d'enfants en pied. L'enfant qui est dans la partie gauche du bas-relief, tient d'une main des feuillets, et de l'antre un style dont il se sert pour inscrire les faits mémorables. Derrière lui, et à terre, sont des livres.

L'enfant qu'on remarque dans la partie droite a le bras gauche tombant le long du corps, et dans la main une palme relevée.

Il y a entre les figures et au centre du bas-relief, un cippe au-dessus duquel on voit une couronne que l'enfant tient de la main droite, le bras levé et tendu.

Rien n'est plus gracieux que cette composition, dont le moelleux et la finesse du dessin sont très-avantageusement appréciés des connaisseurs.

Ce bas-relief vient d'être accordé par le ministre de l'intérieur, à la ville de Valenciennes, pour son Musée.

Buste colossal de **FLEUVE** ; modèle en plâtre, qui a servi pour l'exécution des modillons en pierre du tertre du Pont-Neuf, sur lequel est placée la statue de Henri IV.

Buste de M. L***

1818.

Travaux pour la ville de Reims. LOUIS XIII, équestre. Bas-relief remarquable qui fait le plus bel ornement de la façade de l'Hôtel-de-Ville de Reims.

Le roi est représenté dans le costume guerrier de son époque. Il a la tête découverte, et ses cheveux flottants sont retenus par une couronne de laurier. Le cheval a la position du *départ au galop*. Ses pieds de devant posent sur un Trophée d'armes.

RENOMMÉES.

Elles servent d'accompagnement à un cadre contenant le portrait du roi Louis XVIII, peint par Rouget, et placé dans la chambre du conseil municipal de la même ville.

Ces Renommées, en bas-relief, sur bois, sont d'un fort beau dessin et d'un galbe très-gracieux.

Le modèle du Louis XIII, moulé en plâtre, a été laissé par Milhomme à la ville de Reims. Il est honorablement placé dans le Musée municipal.

Les membres de *la Commission des Amis des Arts*, de cette ville, s'accordent à donner de grands éloges à ces ouvrages.

1819.

SALON.

CAMILLE, Reine des Volsques.

Elle soutint longtemps en personne l'armée de Turnus contre Énée. Nul ne la surpassait à la course ni au maniement des armes. Elle fut tuée d'un coup de javelot.

La composition de Milhomme, dont nous n'avons jamais vu que l'esquisse, représentait une femme guerrière, surprise de défaillance, le cou penché et la tête appesantie sur son sein. Elle était coiffée d'un casque, et ses armes s'échappaient de ses mains. Une tunique très-courte laissait à découvert la plus grande partie de la poitrine, des bras et des jambes.

Cette composition était une sorte d'élégie, pour laquelle Milhomme s'était inspiré d'un passage de l'Énéide.

Buste d'*Enfant*.

Buste de M. *Masclefs*, Consul de France en Angleterre.

MAUSOLÉE D'UNE PRINCESSE, au Père-Lachaise.

Il arrive que les grands de la terre, même ceux dont les idées paraissent le plus libérales, ont parfois de singuliers caprices, comme le prouve l'anecdote suivante.

Nous avons dit que Milhomme avait connu à Rome un personnage dont il reçut un accueil bien capable de captiver l'esprit d'un artiste. Ils se retrouvèrent à Paris; et Milhomme lui rendit visite. Le grand seigneur fut pour l'artiste tout aussi gracieux qu'en Italie. Sa familiarité ajouta, s'il est possible, à son témoignage d'estime pour le talent de Milhomme, et plusieurs fois on les rencontra visitant ensemble les galeries du Louvre.

Le noble étranger eut la douleur de perdre une personne qui lui était chère, et il parla de consacrer à sa mémoire un mausolée digne de sa fortune et de son nom. Il demanda des projets à Milhomme, qui s'empressa de lui en présenter, pouvant croire le moment venu pour lui d'éprouver honorablement la munificence de ce nouveau *Médicis*. Mais à la suite de divers entretiens et de beaucoup d'hésitations, le riche étranger se retourna vers l'Italie pour l'exécution de son dessein.

Longtemps après, on vit s'élever dans le

cimetière de l'Est, à Paris, un monument en marbre, de la forme d'un temple païen, qui excita depuis les somptuosités funéraires et les porta au point où elles sont arrivées aujourd'hui. Il ne fut question dans le public que du prix énorme, on pourrait dire fabuleux (500,000 francs) de ce monument, exécuté en Italie et amené en France à très-grands frais. C'était au moins le travail de quelque *Michel-Ange*, quelque chef-d'œuvre comme le tombeau du Pape *Jules II;* car pour justifier son enthousiasme, le public ne voulait voir dans ce monument que la conception d'un grand artiste.

Notre haut et puissant seigneur n'avait pas prévu cet écueil, et il craignit que l'admiration ne vînt à diminuer à mesure que les gens du monde, entraînés d'abord par l'engouement général, s'informeraient du nom de l'artiste qui avait conçu un morceau si chèrement payé. On s'imagina que le prix idéal du mausolée allait subir le même avilissement, si l'on ne lui rattachait un nom qui pût en soutenir la réputation, et si on laissait dire dans le public qu'il consistait en un travail de pure marbrerie, fait à Carrare par de simples ouvriers qui avaient pu en concevoir le plan eux-mêmes, pour peu qu'ils connussent le dessin linéaire.

Le grand seigneur crut avoir trouvé dans

Milhomme l'artiste qui convenait à ses vues, et après avoir donné des éloges à ses ouvrages, il aborda la question délicate, et mit à la disposition de notre statuaire une somme d'argent pour qu'il s'annonçât comme l'auteur du fastueux tombeau, et qu'il y gravât son nom.

Pour la plus modeste *Pleureuse* qu'on lui eût demandée, Milhomme aurait pu accepter jusqu'au dernier écu de son interlocuteur, sans lui dire : c'est trop payé ; mais à la proposition d'attacher son nom à une œuvre de marbrier, il fut atterré ; le sang lui reflua au cœur, et il sortit comme frappé d'apoplexie.

Milhomme rentra chez lui, manquant peut-être des choses nécessaires au genre de vie aisée qu'il s'était créé en Italie ; mais justement fier de n'avoir point fait céder la dignité de son art. Dès ce moment, l'éminent personnage et l'artiste ne se revirent plus.

SAINT JEAN-DE-DIEU. Statue pour l'Hôpital de la Charité, à Paris.

Vers cette époque (1819), l'administration du département de la Seine arrêta, pour l'hôpital de la Charité, des travaux dont la direction fut confiée à M. *Rohault-de-Fleury*. Cet architecte avait fait entrer dans ses plans, l'érection d'une statue de *saint Jean-de-Dieu*, fondateur de l'ordre de *la*

Charité, qu'il chargea Milhomme d'exécuter. Mais des circonstances, comme il s'en rencontre souvent, paralysèrent les travaux, que l'on n'entreprit que plusieurs années après la commande.

Milhomme a laissé deux esquisses de *saint Jean-de-Dieu*. L'une représente cet ami de l'humanité, debout et vêtu d'une longue robe; à ses pieds paraît une femme suppliante qu'il accueille avec toute la charité d'un vrai chrétien.

La place réservée par l'architecte à cette statue était dans une niche, et l'esquisse reproduisant deux figures groupées ne pouvait atteindre le but. Milhomme composa alors une seconde esquisse du saint, dans le même caractère que la première, avec la différence qu'il le montre seul, tenant de la main gauche une croix sur laquelle les yeux du *bienheureux Jean* sont fixés avec une expression de pieux attendrissement.

M. Rohault-de-Fleury possède ces deux esquisses.

Qu'on nous permette de rappeler que, malgré son grand âge, et les vingt-un ans qui se sont écoulés depuis la mort de Milhomme, M. Rohault de Fleury en parle encore avec ce ton d'affectueux souvenir que des relations suivies font seules supposer, et qu'après avoir tracé le tableau le plus animé de l'imagination et du talent de cet artiste avec lequel il se lia d'amitié en Italie, nous l'avons entendu déplorer que son ancien condisciple à Rome, n'eût fait qu'ébaucher, en quelque sorte, tout ce que son génie lui eût permis de produire.

Entre plusieurs autres esquisses en la possession de M. Rohault-de-Fleury, nous avons remarqué celle qui représente la *Sainte Vierge* assise, soutenant sur ses genoux le corps de *Jésus crucifié*. On aperçoit derrière elle *saint Jean*, debout, et l'échelle qui a servi à descendre *Jésus* de la croix.

Notre attention a encore été appelée sur un *Oreste*, ayant à ses pieds sa mère qu'il vient d'immoler.

Ce fils parricide est représenté la conscience troublée; ses esprits sont déjà en proie aux remords vengeurs. Son imagination s'égare et lui montre les Furies qui se précipitent sur lui, armées de leurs instruments de supplice.

Ce qui prête beaucoup d'intérêt à l'esquisse d'*Oreste*, c'est que Milhomme l'a composée par opposition au mauvais goût qui caractérise l'œuvre d'une célébrité contemporaine et rivale. Milhomme avait voulu prouver que, même en traitant ce sujet en figures ronde-bosse, il était possible d'atteindre le degré de perfection qui fait illusion sur le spectateur et s'empare de ses sens en les captivant, et qu'il n'était point indispensable d'évoquer les éternelles Euménides pour les lancer, sous une forme matérielle, avec leurs serpents à la poursuite d'*Oreste*.

La composition de Milhomme lui a mérité les suffrages unanimes des artistes qui ont été dans la confidence de cette espèce de défi.

M. Rohault de Fleury accorde infiniment de mérite à ces esquisses, dont il a fait cuire la terre pour en assurer la conservation.

Enfin, la haute opinion qu'il avait conçue du talent de Milhomme, l'avait porté à lui confier son fils comme élève. Il est vrai que ce statuaire donna au jeune Rohault les premières leçons de son art; mais le père, frappé des nombreux obstacles qui entravaient le succès de son ancien camarade, détermina son fils à abandonner une carrière parfois si ingrate, pour se consacrer, de préférence, à l'architecture, qu'il exerce aujourd'hui avec distinction.

En 1819 ou 1820, M. *Cramail*, architecte, s'employa pour faire donner à Milhomme les tombeaux que Madame la duchesse d'Orléans, mère de Sa Majesté Louis-Philippe, avait dessein de faire élever à de jeunes princes ses petits-enfants, morts dans leur plus bas âge.

Milhomme fit les esquisses de ces tombeaux, que, par des circonstances ignorées de nous, il n'exécuta point.

1820-1821.

LE GÉNIE DE LA MARINE. Trophée modelé en plâtre à la main, qui devait être exécuté en marbre pour la décoration du Pont de la Chambre des Députés.

Indépendamment des douze piédestaux du Pont Louis XVI, ou de la Chambre des Députés, qui devaient recevoir un pareil nombre de statues, notamment celle de *Colbert*, par Milhomme, nous devons dire, pour ceux de nos lecteurs qui l'ignoreraient, que les balustres surmontés de tablettes formant le parapet de ce pont, se continuent à droite et à gauche, et se terminent par deux autres piédestaux sur chaque rive de la Seine. Or, la décoration du pont devait être complétée par quatre groupes ou trophées posés sur ces piédestaux, dont le nombre total est de seize.

En 1820 ou 1821, les groupes projetés furent mis au concours, et Milhomme obtint celui de la Marine sur son concurrent, M. *Gérard*, statuaire fort distingué.

Le talent de Milhomme s'est grandement soutenu dans la composition et l'exécution de ce modèle, qui n'a pas moins de 2 mètres 50 à 60 centimètres de hauteur.

En le regardant de face, on aperçoit, à droite et à gauche, des proues de vaisseaux posées horizontàlement sur le socle, lesquelles laissent supposer, par leur jonction, la présence d'un canot qui reçoit la majeure partie du trophée, auquel il sert de point d'appui.

A l'aplomb du point de réunion des proues, et à la hauteur de 1 mètre 1/2, on voit sortir d'une masse de faisceaux un cippe à pans coupés, surmonté du buste colossal de *Neptune;* puis des armes, des mâts, des câbles, des ancres, des cordages et des voiles, dont la partie inférieure est masquée par un *Génie*, que l'artiste a représenté sous les traits d'un adulte. Ce Génie, à la pose et aux formes remarquables, tient de la main gauche le bras d'une rame richement ornée; la pelle est appuyée à terre: il a dans la main droite un quart de cercle, et à ses pieds une boussole.

L'intervalle entre le buste de *Neptune* et le sommet de la tête du Génie est orné d'une forte guirlande composée de perles, de coraux, de coquillages et autres productions de la mer. La partie supérieure des faisceaux a l'inclinaison nécessaire pour les bien détacher du cippe et du buste.

Ce Trophée est sculpté sur tous ses côtés.

Au milieu d'un très-grand nombre d'agrès de marine, on remarque une sphère céleste, des porte-voix, des instruments de mathématiques, des poulies, des caducées, des fruits des quatre parties du monde, etc.

Toute cette masse d'objets est environnée, jusqu'à une moyenne hauteur, de cabestans, de canons et de mortiers posés sur leurs culasses, de manière qu'ils paraissent lui servir de support.

Mais au mérite de la conception et de la composition de cette œuvre capitale, se joint celui du travail d'exécution. Il est impossible de rien voir de plus achevé et de mieux travaillé que les objets, aussi nombreux que variés, dont se compose ce groupe ou trophée.

Il semble que Milhomme ait prévu que son ouvrage ne serait point exécuté en marbre, et qu'il se soit attaché à faire de son modèle un morceau digne en tout d'être placé dans un musée.

M. le ministre de l'intérieur, après s'être fait rendre compte de ce bel ouvrage, vient d'arrêter qu'il serait donné à la ville de Valenciennes, pour son Musée, qui en possède depuis longtemps l'esquisse en cire.

1822-1823.

A cette époque, où Milhomme aurait dû se trouver comblé des dons de la fortune, il ne jouissait en réalité d'aucun bien-être, et c'est à grand'peine qu'il pouvait satisfaire les besoins de chaque jour. Outre ce que cette situation .avait de pénible, Milhomme était incommodé, depuis plusieurs années, d'une hydropisie. Dès avant 1820, ses souffrances acquirent, à différents intervalles, un tel degré d'intensité qu'on craignit souvent pour ses jours. Cependant, la confiance que son talent inspirait à M. Cramail, et le désir qu'avait cet architecte de l'arracher à une position devenue très-difficile depuis deux ans, triomphèrent de la crainte bien fondée que sa maladie ne compromît l'exécution de travaux importants.

Avec le *Trophée de la Marine* qu'il venait d'obtenir après une lutte opiniâtre, les bons offices de M. Cramail lui assurèrent les sculptures de la *Chapelle sépulcrale de Dreux*.

Ces travaux ne purent, il est vrai, rétablir la santé de Milhomme, mais ils apportèrent de prompts et de grands soulagements à son état, et firent renaître chez lui la tranquillité d'esprit si nécessaire à l'artiste.

Milhomme composa et modela, pour les approprier au plan de M. Cramail, architecte du monument, tous les travaux qui lui étaient confiés, et il les exécuta sur place avec un de ses amis, très-habile praticien, qu'il s'adjoignit.

Préalablement à l'examen de ces travaux, nous allons donner quelques détails sur l'origine de la chapelle.

Antérieurement à la révolution française, la ville de Dreux renfermait plusieurs sépultures des *ducs de Penthièvre*. Elles furent profanées en 1793.

On rapporte qu'un nommé *Lefèvre*, exerçant la profession de barbier dans la ville, fut le témoin désolé de cet acte sacrilége, et qu'il remarqua l'endroit où des fanatiques jetèrent, hors de l'enceinte, les restes mortels de ces princes. Nous ne pouvons rien garantir à cet égard. Ce qu'il y a de positif, c'est que l'indignation témoignée par Lefèvre, dans ses discours et ses démarches pendant vingt-un ou vingt-deux ans, contre cette horrible profanation, attirait à lui les étrangers qu'un sentiment religieux, ou même de simple curiosité, portait à s'enquérir du fait que nous venons de rappeler.

Lefèvre commença par marquer d'une pierre, sans apparence significative, la place où les précieux restes avaient été abandonnés; il y planta ensuite une petite croix. Depuis lors, le barbier Lefèvre ne cessa jamais de servir de cicerone aux étrangers; il stimulait au besoin leurs sentiments, et les engageait à visiter le lieu qu'il avait adopté.

Au retour des Bourbons, il remplaça la petite croix par une pierre tumulaire et d'autres signes de deuil, et il en prit occasion pour créer une sorte de culte, dont il s'institua le ministre.

L'attention publique fut éveillée par le zèle de Lefèvre, et plusieurs pélerinages furent entrepris en expiation de l'acte impie que nous avons fait connaître. On en parla à Mme la duchesse douairière d'Orléans, qui écouta la proposition d'élever un monument religieux sur le lieu même indiqué par Lefèvre.

M. Cramail, usant de la libre concurrence que lui offrait, comme à tous ses confrères, le défaut d'idées arrêtées sur ce projet, des plus éventuels, présenta le plan d'une *chapelle sépulcrale;* il le remit à la princesse, qui l'approuva et en arrêta l'exécution.

L'architecte construisit, d'après son plan, un étage de caveaux souterrains dans lesquels la duchesse fit d'abord inhumer son chambellan.

A peu de temps de là, le duc d'Orléans, aujourd'hui Roi des Français, perdit deux enfants que la princesse, sa mère, désira aussi faire inhumer dans les caveaux de Dreux.

Quoi-qu'on en ait dit, l'idée reçue parmi nous, que la mort rend tous les hommes égaux, n'est pas plus vraie dans ce cas extrême qu'elle ne l'est dans l'application des lois sociales, et peut, jusqu'à un certain point, paraître une fiction. En effet, on comprend tout de suite que les convenances ne permettaient pas que la sépulture de jeunes princes fût confondue avec celle d'un modeste chambellan. Aussi demanda-t-on à l'architecte de construire un second étage de caveaux, ce qui compliqua singulièrement son plan, et l'obligea à des reprises en sous-œuvre d'une importance très-considérable. Au moyen de ces nouvelles dispositions, on crut les bien-séances pleinement satisfaites, et le cercueil du serviteur put rester à certaine distance. Nous devons dire, en fidèle historien, qu'après le décès de Mme la duchesse d'Orléans, le corps de son chambellan disparut tout-à-fait des caveaux de Dreux.

Quant à Lefèvre, le barbier, il n'a eu qu'à se louer de sa découverte, comme chacun pourra en juger, lorsqu'on saura qu'à la faveur des circonstances que cet homme fit naître, et aux-quelles il sut donner beaucoup d'intérêt, il quitta sa boutique pour occuper la place de surveillant et de sacristain de la chapelle. A son exemple, ses enfants ont abandonné la pro-fession de leur père et lui ont succédé dans son emploi, qui paraît avoir été divisé entre eux pour leur faire, à tous, une position dont ils paraissent très-satisfaits.

Voyons brièvement l'édifice en lui-même.

Le monument construit à Dreux par M. Cra-mail, et destiné, après coup, à la sépulture de la maison d'Orléans, consiste en une rotonde terminée par une coupole sphérique, ayant à son sommet une ouverture circulaire. L'enceinte de son plan est pénétrée par quatre avant-corps rectangulaires, dont trois, fermés de murs, reçoivent autant d'autels dans leur vide intérieur ; le quatrième, ouvert par quatre colonnes, forme le portail de l'édifice.

Cette disposition, aussi simple qu'ingénieuse, a le double mérite de satisfaire à la fois aux conditions les plus essentielles de l'art, tout en remplissant parfaitement celles que sa pieuse destination lui impose. Au dehors, la continuité et l'intégrité des murs isolent entièrement le sanctuaire de tout ce qui l'environne : c'est l'asile du recueillement et du mystère.

A l'intérieur, la projection de la lumière, en accusant à l'œil l'appareil religieux des autels, tandis qu'elle se dissémine dans le reste de l'espace, contribue à produire une scène aussi calme qu'imposante.

Enfin, la pureté des formes géométriques et l'élégance des proportions de l'architecture greco-romaine, mettent le dernier cachet à l'effet de cet ensemble.

Telle était l'œuvre de **M.** Cramail, avant la mort du Prince Royal.

Depuis, cette pieuse fondation a reçu des accroissements considérables ; mais, dans l'intervalle, l'art a renoncé à la nouvelle voie qu'il s'était ouverte, pour revenir aux errements de l'architecture germanique.

Aujourd'hui, la chapelle de Dreux se trouve environnée de constructions dans le style gothique. Singulier contraste qui sert à caractériser les temps que nous avons traversés, et dans lesquels nous avons vu les idées les plus antipathiques triompher successivement à l'exclusion les unes des autres, agissant tantôt sous l'empire de la saine raison, tantôt sous le prestige des illusions les plus invraisemblables!

Passons à présent aux travaux de Milhomme.

Les sculptures de cet artiste offrent huit compositions différentes, dont voici un aperçu :

A l'extérieur, et dans le fronton triangulaire qui couronne la façade de l'édifice, il a sculpté *deux Anges* adorateurs.

Intérieurement, *les quatre Évangélistes*, en pendentifs.

Et sur trois côtés de la chapelle, dans de grands cintres disposés à cet effet, au-dessus des autels, il a représenté les trois sujets historiques, que nous ne pouvons mieux faire connaître qu'en reproduisant la description donnée par Milhomme lui-même.

SAINT ARNOULD. Bas-relief.

« Saint-Arnould, évêque de Metz, aïeul de

» *Charles Martel,* d'où la branche des *Capets*
» est issue, se présente devant *Dagobert* pour
» lui demander la permission d'abandonner son
» siége et de se retirer dans la solitude...

» Il éprouve le refus du roi, qui le menace
» de faire traîner à la mort les deux fils qu'il
» avait eus avant son ordination. »

On distingue le Roi dans la partie droite de
la composition; il est assis sur un trône, et vu
en profil, faisant face aux groupes de gauche,
dont les figures principales sont un peu en
avant, et dans une attitude respectueuse et
craintive.

SAINTE ADÉLAÏDE. Bas-relief.

« *Othon,* premier empereur d'Allemagne,
» replace sainte *Adélaïde* sur le trône d'Italie,
» et fait éprouver à l'usurpateur *Bérenger* les
» mêmes traitements que celui-ci avait fait su-
» bir à cette sainte reine. »

On sait qu'Othon rétablit une partie de l'empire de Charlemagne, et qu'à l'exemple de cet
empereur, il propagea la religion chrétienne
par des victoires.

Il fut l'homme le plus considérable de l'Oc-
cident et l'arbitre des princes de son temps.

C'est en se conformant à ces données historiques que Milhomme a traduit, avec le secours

de son ciseau, une des plus notables actions de l'empereur Othon, à qui la postérité a confirmé le surnom de Grand.

Outre la reine Adélaïde et l'usurpateur Béranger, on voit de chaque côté du bas-relief, les dignitaires de l'empire; au centre est l'empereur, représenté de face et debout. Sa pose est sévère comme il convient à un puissant monarque accomplissant un acte de haute justice, et la physionomie de chaque personnage est parfaitement exprimée.

SAINT LOUIS. Bas-relief.

« Saint Louis rendant la justice au pied du » chêne de Vincennes, et affranchissant un » serf. »

Un peu en avant du groupe de gauche, on remarque le saint roi assis. Un de ses ministres lui amène un paysan dont il prononce l'affranchissement en présence d'un grand nombre de seigneurs. Le spectateur aperçoit à droite, dans un arrière-plan, les tours du château de Vincennes.

Les huit sujets dont nous venons de parler ouvraient à Milhomme un vaste champ pour son talent et sa brillante conception, et tout le monde s'accorde à dire que ni l'un ni l'autre ne lui a fait défaut. Cependant, quelques amateurs ont trouvé la composition du Saint Louis un peu froide. Mais aussi que d'animation et de beautés dans les autres! Le style noble et grandiose, le goût et le caractère de l'antique, si précieux dans la statuaire, se manifestent à un très-haut degré dans ces productions d'un artiste à qui l'occasion seule a manqué pour se faire apprécier du grand nombre.

M. Cramail possède les esquisses en cire de ces huit morceaux de sculpture, qu'il a fait encadrer avec soin. Après l'achèvement de la chapelle, en 1823, il a été admis à les présenter au Roi, alors duc d'Orléans. Ce prince, après les avoir examinées avec l'attention éclairée qui lui est familière, a bien voulu en témoigner toute sa satisfaction.

Comme nous voulons que chacun puisse juger ces importants ouvrages avec pleine connaissance de cause, et suivant ses propres impressions, nous en publierons très-prochainement un trait gravé.

COLBERT. Statue en marbre, de 4 mètres de proportion, exécutée d'après le modèle que nous avons décrit précédemment.

On la plaça sur le Pont de la Chambre des Députés en 1828, où elle est restée jusqu'à la création des *Galeries de Versailles*, dont elle fait partie actuellement. On la voit dans la cour dite : *Cour des Statues.*

Il n'était guère possible que la statue de Colbert, surtout avec le costume du temps, et les circonstances que nous avons déjà fait connaître au sujet du modèle, pût rien ajouter à la réputation de son auteur.

Ce marbre n'est pourtant pas jugé aussi favorablement que le modèle en plâtre. La différence, s'il en existe, ne peut être attribuée qu'à la maladie de Milhomme, qui ne lui a pas permis de mettre lui-même la dernière main à cette figure. Sous ce rapport, nous ne pouvons que nous féliciter de la mesure prise par M. le ministre de l'intérieur, pour la conservation du Colbert coulé en plâtre, puisqu'elle permettra aux personnes qui cultivent les beaux-arts, d'éclairer leur opinion en comparant les deux ouvrages.

SALLE DE SPECTACLE DE LA VILLE DU HAVRE.
Sculptures.

Au moment où les forces allaient lui manquer, Milhomme put entrevoir des jours meilleurs, mais il ne devait pas lui être donné d'en profiter.

Pendant la période dont nous nous occupons, M. *Labadye*, architecte, au talent de qui on devait la belle salle de spectacle du Hâvre, si malheureusement détruite par l'incendie du mois d'avril de l'année 1843, confia à Milhomme les sculptures de cet édifice.

Lors de l'ouverture de la salle, au mois d'août 1823, les journaux donnèrent de grands éloges à l'architecte pour la conception et l'exécution de ses plans, et ils firent en même temps à Milhomme la part qui lui était due pour le mérite de ses sculptures.

M. le maire de la ville du Hâvre nous écrit, que les masques scéniques sculptés sur la façade de la salle existent encore, et sont conservés dans la reconstruction dont on s'occupe en ce moment. Il nous laisse espérer qu'il en sera de même de deux *Génies* en bas-relief, sculptés dans les rampes du grand escalier en pierre conduisant au foyer, et il ajoute qu'il est heureux d'avoir à nous annoncer que les travaux de Milhomme ont été jugés d'une manière très-satisfaisante par la Société havraise, de même que par les artistes qui les ont visités, etc.

Les personnes qui désireraient des détails plus circonstanciés sur ces travaux, pourront consulter les journaux du temps.

Notre intention, en composant cette Notice, a été d'assigner à Milhomme la place qui lui appartient dans les arts, et de mettre les artistes, amateurs ou praticiens, sur la trace de ses œuvres. Nous dirons donc que M. Labadye doit posséder différentes esquisses de ce statuaire, avec qui il a eu de fréquents rapports.

La tâche que nous nous étions imposée touche à son terme, car les travaux de la salle de spectacle du Hâvre n'étaient pas entièrement achevés, quand Milhomme fut obligé de s'aliter, par suite des souffrances que lui causait l'hydropisie dont il était atteint. Cette terrible maladie prit un caractère si grave en peu de jours, que le malade se décida à subir la douloureuse opération de la ponction. Mais, après cette opération, qui le soulagea pour l'instant, il ne tarda pas à ressentir de cruelles souffrances et mourut à Paris, le 24 *mai* 1823, alors qu'une ère nouvelle s'ouvrait pour les artistes.

Ce qui dut contribuer à tenir Milhomme dans une position précaire, depuis son retour en France, c'est qu'il ne voulut s'occuper que de grandes sculptures; de celles que les gouvernements, les grandes administrations ou les particuliers millionnaires peuvent seuls commander.

Nous avons vu dans ses cartons, qu'il a légués à M. Tragin, son ami, une quantité de projets et d'esquisses, et remarqué principalement ceux qui représentent des *Vases* et des *Vasques* avec figures, pour fontaines, ayant beaucoup de ressemblance avec les belles fontaines exécutées depuis sur la place Louis XV et dans les Champs-

Élysées ; des *monuments équestres* et des *colonnes triomphales;* des bas-reliefs pour servir d'accompagnement à des *œils-de-bœuf,* dans le genre de ceux de la cour du Louvre ; d'autres représentant des *Fleuves* et divers sujets allégoriques comme *Gloires* et *Renommées,* composés dans la forme d'*écoinçon,* de *pendentif* et de *fronton,* notamment un fronton pour le *Collège d'Harcourt,* que Milhomme devait exécuter; enfin, tous projets de sculpture monumentale.

Nous persistons à croire qu'il a terminé beaucoup plus de travaux que nous n'en avons indiqué, et nous fondons notre opinion sur ce que ses œuvres ne sont venues à notre connaissance qu'une à une, et à force de recherches patientes. Ainsi, nous venons d'apprendre que depuis son retour d'Italie, Milhomme a composé plusieurs petits ouvrages qu'il n'a pas voulu avouer à cause de leur caractère fugitif, complètement en opposition avec la loi qu'il s'était faite. Nous pouvons citer parmi ces exceptions, un petit modèle de *Washington.*

Autre temps, autres mœurs! Aujourd'hui, les premiers artistes ne dédaignent pas de faire commerce de leurs œuvres, en multipliant les copies sous toutes les formes, et en les faisant vendre jusque dans les carrefours.

Nous savons aussi que Milhomme a fait le modèle d'une *Pleureuse* dont on voit le marbre au cimetière de l'Est ou du Père-Lachaise, sur la sépulture de la famille *Gareau*, dans la pièce de terre dite *de l'Oranger*. Il n'aura sans doute pas su traiter avec cette famille, qui a envoyé le modèle à Carrare, où elle a fait exécuter elle-même le marbre que nous venons d'indiquer.

M. Rohault de Fleury, dont nous avons parlé précédemment, assure que Milhomme a exécuté un fronton et des figures aériennes pour la cathédrale de *Sens*.

Dans la répugnance que Milhomme éprouvait pour tout ce qui ne ressemblait pas à la grande sculpture, il faut excepter le *Buste*. Il est probable que son ciseau en a produit un grand nombre, et l'ouvrage de M. *le comte de Clarac*, sur le Musée français, indique qu'il en a laissé plusieurs cités avec éloge.

L'éducation de Milhomme avait été négligée; c'est un malheur qui lui fut commun avec beaucoup de ses confrères, même parmi ceux de l'Institut. En revanche, il possédait un esprit naturel très-remarquable; il avait su acquérir de l'instruction par ses lectures, et des connaissances historiques dans son art, chez les différents peuples de d'antiquité. Son caractère était grave et sérieux, et passionnément adonné à l'étude; il lui arrivait quelquefois d'être caustique. Voici, à cet égard, une anecdote que nous avons entendu raconter.

Se trouvant à Rome, dans une réunion dansante, avec d'autres pensionnaires, les maîtres de la maison lui firent remarquer la grâce avec laquelle dansait un de ses camarades. *C'est vrai,* aurait-il répondu, *il a dans les jambes ce qui lui manque dans la tête.*

Un pareil trait, dirigé contre un homme qui avait reçu une belle éducation, dont la parole était dorée, et qui était recherché par les meilleures sociétes de Rome pour ses bonnes manières, marquait d'autant plus d'imprudence de la part de Millhomme, que le trait frappait juste, Il paraît que l'artiste blessé était véritablement d'une grande médiocrité, mais il avait des relations étroites avec des écrivains qui distribuaient le blâme ou l'éloge à volonté, et il ne produisit pas la moindre ébauche sans que la presse embouchât la trompette. Comme on devait s'y attendre, l'artiste dont nous voulons taire le nom, devint membre de l'Institut, et il fut de toutes les commissions. Ses confrères s'inclinaient devant lui, et il n'a pas fallu moins que sa mort pour qu'ils osassent parler de ses œuvres avec liberté. Le lecteur peut penser ce que devait être la bienveillance de cet artiste pour Millhomme, qui depuis, au *Salon de* 1812, eut le nouveau tort de réduire le talent de son antagoniste à sa juste valeur, en le laissant, de l'aveu du public connaisseur, bien loin derrière le sien.

Mais ce n'est pas d'aujourd'hui que les artistes manquent de générosité entre eux, et l'histoire des beaux-arts, en Italie, nous offre le triste tableau de leurs rivalités et de leurs injustices.

Nous dirons, en terminant, que sous le rapport de son art, Milhomme avait plus qu'un beau talent; c'était un artiste de génie, et c'est à juste titre que la ville de Valenciennes se trouve honorée de lui avoir donné le jour, et le met au nombredes hommes qui ont fait le plus d'honneur à leur pays natal.

Assurément, si notre compatriote eût moins tenu à l'art, il aurait pu produire un plus grand nombre d'œuvres; car on sait que ce n'est pas l'ardeur qui lui a manqué. Toutefois, ce qu'il a laissé suffit largement à sa gloire.

Le Musée de Valenciennes possède son buste, sculpté par M. Auvray.

Milhomme n'eut pas d'enfants avec sa seconde femme qu'il laissa veuve, de nouveau, avec un fils qu'elle avait eu de son premier mariage. Ce fils, après avoir étudié les beaux-arts pendant quelque temps , sous la direction de son beau-père, entra dans l'armée en 1821. Son excellente conduite et un travail assidu lui ont mérité un grade assez élevé dans une arme spéciale, et tout porte à croire qu'après vingt-trois ans de services actifs, il recueillera le nouveau prix de ses efforts persévérants. Lui seul pourvoit à tous les besoins de sa vieille mère, laissée sans aucune fortune par Milhomme, et nous avouons n'avoir jamais vu de spectacle plus touchant que celui de la tendresse qu'ils ont l'un pour l'autre.

FIN.

Imp. de Guillois, faubourg Saint-Antoine, 123.

TABLE

DE LA NOTICE

Sur la Vie et les Ouvrages de MILHOMME, Statuaire,

GRAND PRIX DE 1801.

Né à Valenciennes (Nord).

—

Publiée au profit de ses Petites-Nièces.

—

PRIX : 2 FRANCS 50 CENTIMES.

———>•<———

FIN DE LA TABLE.

PARIS.

Chez Mesdemoiselles MILHOMME,

8, rue Saint-Joseph.

Imprimerie de GUILLOIS, faubourg Saint-Antoine, 123.

TABLE

DE LA NOTICE

Sur la Vie et les Ouvrages de **MILHOMME**, Statuaire,

GRAND PRIX DE **1801**.

Né à Valenciennes (Nord).

—

Publiée au profit de ses Petites-Nièces.

PRIX : 2 FRANCS 50 CENTIMES.

———◆———

FIN DE LA TABLE.

PARIS.

Chez Mesdemoiselles MILHOMME,

8, rue Saint-Joseph.

Imprimerie de GUILLOIS, faubourg Saint-Antoine, 123.